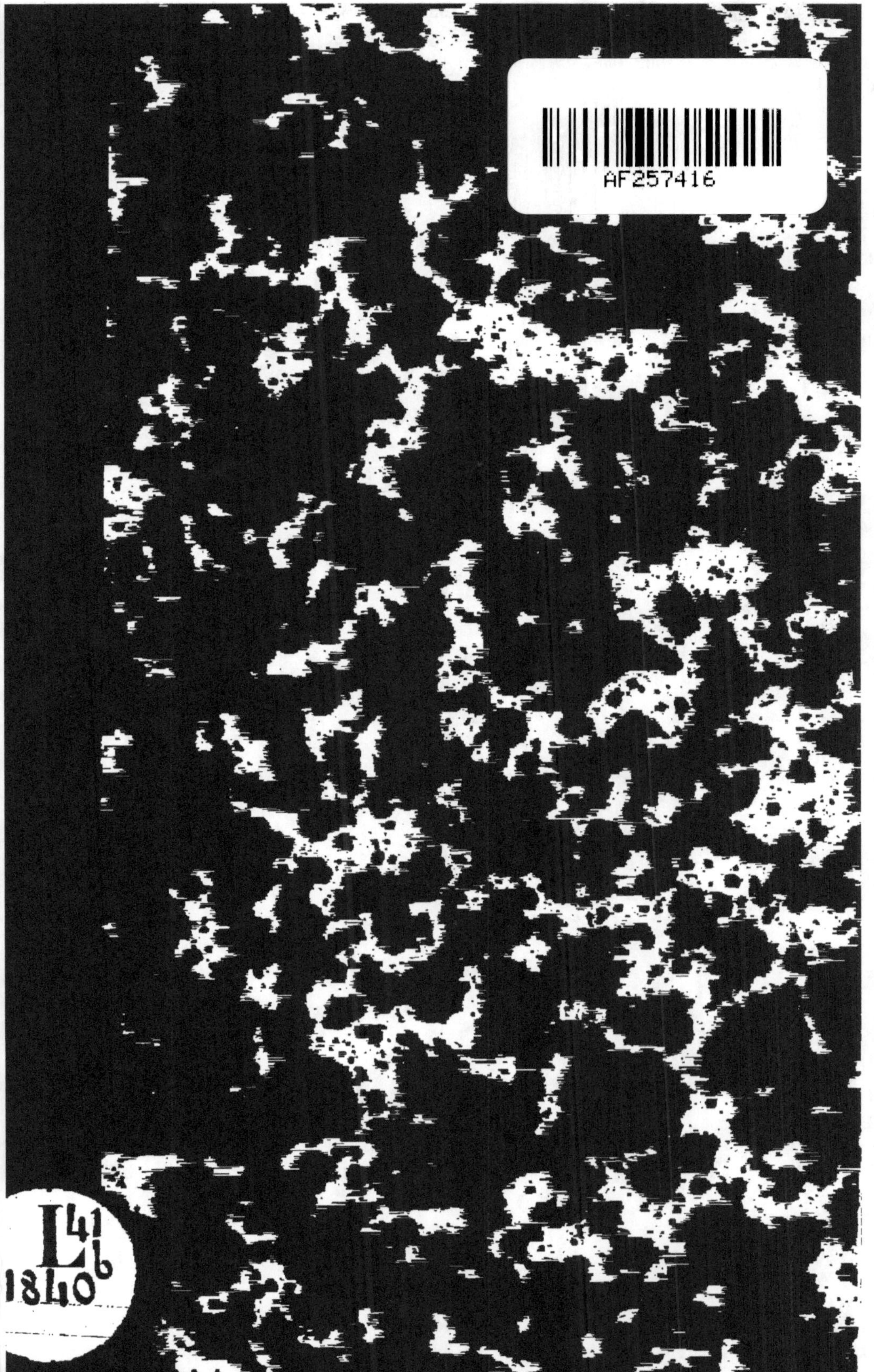

AF257416
L41
b
1840

RÉPONSE

A UN ÉCRIT

DE BERNARD DE XAINTES,

Ou examen de sa Réponse à la Dénonciation portée contre lui par les Sections, de Dijon.

A PARIS,

Chez MARET, Libraire, Cour des Fontaines,
Et chez les Marchands de nouveautés.

L'AN III DE LA RÉPUBLIQUE.

RÉPONSE

A UN ÉCRIT

DE BERNARD DE XAINTES,

Ou examen de sa Réponse à la Dénonciation portée contre lui par les Sections de Dijon.

C'EST un proverbe commun, que le papier souffre tout ; maxime populaire pleine de sens, et qui devroit suffire pour tenir les lecteurs les moins éclairés en garde contre l'abus qu'on fait trop souvent de l'art d'écrire et d'imprimer.

D'un autre côté, il y a une espèce d'hommes devenue aujourd'hui plus commune que jamais ; persuadés qu'il suffit de dire pour avoir prouvé ; de nier un fait constant et appuyé de preuves pour le faire révoquer en doute par des hommes innattentifs ; que le mensonge le plus avéré s'établit comme une vérité, si on le débite avec assurance, et en un mot que l'impudence est la reine du monde, et que c'est à elle qu'appartient l'empire sur l'opinion publique.

Parmi les exemples nombreux d'écrivains qui ont connu et pratiqué cette belle maxime, nous avons à citer ici celui que nous fournit le représentant du peuple Bernard de Xaintes, s'efforçant de se défendre contre l'accusation qui lui est intentée, pour les abus énormes de pouvoir, les oppressions, les pillages, les meurtres qu'on lui reproche dans les missions qu'il a remplies, et notamment dans le département de la Côte-d'Or.

Les parens des victimes qu'il a fait égorger au nom de la loi, et en violant les loix elles-mêmes, s'élèvent contre lui, produisent des faits publics, notoires, constatés par une nuée de témoins, des pièces authentiques, des lettres même de sa main, contenant des projets sinistres, des ordres sanguinaires; il n'est point embarrassé de tout cela. Il croit qu'il lui suffira d'imprimer quelques pages de dénégations et de mensonges, et qu'il demeurera pur et sans tache aux yeux de ses concitoyens.

Mais il y a malheureusement pour lui quelques hommes, au nombre desquels je suis, qui ne croient pas à tout ce qui est moulé, comme dit le peuple, mais seulement à ce qui est prouvé, ce qui est fort différent.

C'est dans cet esprit que j'ai examiné, avec

soin, l'écrit intitulé *Bernard de Xaintes*, représentant du peuple à la convention, pour en discuter la partie qui tient à l'accusation à lui intentée par la famille Courbeton, pour le meurtre du ci-devant président au parlement de Dijon, Micault de Courbeton. Je me suis borné à cet objet, parce que c'est celui qui m'étoit le plus connnu ; d'autres relèveront, sans doute, les autres endroits de son écrit, relatifs à ce qui les regarde, et peut-être s'aideront-ils aussi des réflexions plus générales qui se présenteront à moi dans le cours de cette discussion.

Je m'abandonnerai aux réflexions que suggère la lecture du mémoire, me promettant bien d'être juste envers un homme qui a violé toute justice, parce que c'est ainsi qu'il faut juger même les hommes injustes.

Bernard commence par nous dire, avec une apparente naïveté, qu'il ignore les motifs de son arrestation. Le mensonge commence à se montrer là, et l'on en conviendra bien vîte, si l'on considère que Bernard n'a pu ignorer ce qu'il a fait et ordonné lui-même et les réclamations de tout le département contre ses violences, aussi-tôt que la vérité a pu se faire entendre. Il n'ignore pas que c'est lui qui a fait remettre en jugement l'infortuné Colmont, absous par le tribunal de Haute-Saône ; que c'est lui qui a traduit Courbeton de Luxeuil à Dijon *pour le faire juger émigré* ; que c'est sous yeux qu'on a refusé à Courbeton la permission de se rendre à sa section pour y faire renouveller le certificat, faute duquel il a été jugé émigré et mis à mort ; que c'est lui qui a tancé durement et menacé le tribunal de Dijon, pour avoir renvoyé au directoire du département une première décision de celui-ci, en conséquence d'une pétition de Courbeton, et pour avoir différé le jugement de mort ; que c'est lui qui a déclamé dans l'assemblée générale de section contre la lenteur du tribunal, épargnant les aristocrates et les riches ; enfin il n'ignore pas toute l'ardeur avec laquelle il a sollicité et poursuivi la mort de cet homme respectable, regardée par toute la ville de Dijon, et partout où elle a été connue dans toutes ses circonstances, comme un véritable assassinat.

Il y a plus : en supposant qu'il eût pu oublier parfaitement ses faits et gestes durant le cours de son horrible mission, les plaintes des malheureux qu'il a faits et des familles qu'il a désolées, et les pétitions adressées contre lui au comité de salut public, et le mémoire de Colmont, et celui de Richard, et celui de Courbeton, et la pétition de toutes les sections de Dijon, et le cri du département entier, sont autant de faits trop publics pour lui avoir été inconnus, et on le lui demande à lui-même, d'après cette connoissance, de quel front peut-il dire qu'il ignore encore les motifs de son arrestation, lorsque dans les imputations qu'on lui fait il y a tant de raisons légitimes d'invoquer la vengeance des loix contre le prévenu qui se trouveroit coupable de les avoir lui-même si insolemment violées? Premier mensonge de Bernard de Xaintes, bien manifesté.

En voici un second qui ne l'est pas moins. Selon Bernard, la pétition de Dijon n'est souscrite que *par quelques citoyens de Dijon.* Cette atténuation est bien imaginée. Sans doute *quelques citoyens*, un petit nombre de citoyens, après avoir été peut-être l'objet de la juste sévérité d'un représentant du peuple en mission, ou gagnés par ses ennemis, ou trompés par des préventions injustes, peuvent avoir conjuré la perte de Bernard et entrepris de le poursuivre aujourd'hui. Le plus honnête homme peut être en butte à une persécution de ce genre, parce que le plus honnête homme peut avoir *quelques* ennemis très-violens et très-acharnés.

Mais ici c'est tout autre chose. Ce ne sont pas quelques citoyens, mais un nombre très-grand de citoyens : ce sont les six sections de Dijon, et par conséquent la majeure partie des citoyens de cette grande ville qui ont souscrit la pétition adressée à la convention contre Bernard de Xaintes, et qui le dénoncent comme terroriste, buveur de sang, assassin de leurs concitoyens....

Bernard ment donc, en donnant la pétition de Dijon, comme souscrite par quelques citoyens.

Troisième mensonge. La dénonciation de Dijon, dit-il, *a été imprimée et distribuée dans un temps, où privé de sa liberté, il a semblé à ses dénonciateurs qu'il ignoreroit leur attaque, et qu'il seroit privé de la faculté de se défendre*, surquoi il s'écrie : *quelle loyauté !*

Ceci est vraiment curieux d'impudence, parce que c'est démentir des faits trop publics. La dénonciation des sections de Dijon est du 20 floréal. A cette époque, Bernard de Xaintes étoit aussi libre, et plus libre que ses dénonciateurs, car il siégeoit dans la convention ;

aussi les sections terminent-elles leur dénonciation, en invitant la convention nationale à se laver de la honte que répand sur elle la présence de Bernard dans son sein, et l'impunité dont il jouit. Bernard ne pouvoit donc ignorer l'attaque. Il n'étoit donc pas privé de la faculté de se défendre. Les sections de Dijon l'attaquoient donc légalement, et montroient même du courage à l'attaquer. Si la loyauté manque de quelque côté, c'est donc de celui de Bernard, qui nie des faits notoires, pour y substituer une imputation calomnieuse et fausse, démentie par les dates mêmes d'actes publics. De compte fait; on trouve là trois mensonges en neuf lignes, car c'est là tout le premier alinéa de l'écrit de Bernard de Xaintes, qui, comme on voit, sait employer et l'espace et le temps.

Après cette belle introduction, Bernard se faisant tout-à-coup orateur, apostrophe la convention nationale en termes pompeux et grossièrement flatteurs.

Il l'avertit de se garer des royalistes, qui, ne pouvant corrompre sa vertu avec de l'or ou des sophismes, veulent la faire égorger par le peuple, ce qui signifie qu'en poursuivant un des membres de la convention coupable, ou du moins prévenu de crimes atroces, que la convention ne peut ni avoir ordonné , ni , à plus forte raison , approuver après qu'ils sont commis , on ne veut rien moins que faire égorger la convention toute entière , ce qui est d'une absurdité au - dessous de toute réfutation.

Il instruit ensuite la convention qu'elle « ne » trouvera ses véritables amis que parmi les » républicains , fidèles observateurs des loix , » quelle que soit leur opinion personnelle » : phrase qui mérite une courte explication.

On voit en effet percer là le même genre de défense qu'ont employé les Carrier , les Lebon et autres assassins qui ont cru pouvoir se justifier , en disant qu'ils n'avoient été que les exécuteurs des loix de la convention elle-même , et cela , *contre leur opinion personnelle ;* étrange apologie , sans doute , dont la convention et les tribunaux ont déjà su apprécier la valeur.

Cette justification prétendue consiste en effet en deux suppositions également fausses : l'une , que la convention a pu ordonner de vrais assassinats , comme , par exemple , la condamnation à mort pour cause d'émigration d'un citoyen qu'on empêche de faire renouveller ses certificats de résidence en le tenant en prison , et qu'on envoye de la prison à l'échafaud pour le défaut de ce même certificat ; l'autre, que quand il seroit possible qu'un crime pareil ne fût que l'exécution des loix de la convention, un homme quelconque pût jamais se charger de son exécution, s ns se rendre aussi coupable que ceux qui l'auroient ordonné, quand son opinion personnelle concourroit avec la prétendue loi, et, à plus forte raison, si cette opinion personnelle lui présente le crime sous son véritable aspect.

Après ces beaux mouvemens d'une réthorique de trétaux, le représentant Bernard montre quelque componction en ces termes : » Sans doute nous avons tous commis des er-» reurs, parce que nous sommes des hommes, » mais erreur n'est pas crime ».

Ah ! maître Bernard, *habemus confitentem reum*, vous convenez que vous avez commis quelques erreurs ; vous soupçonnez donc au moins que c'est pour ces erreurs qu'on vous poursuit aujourd'hui ; vous n'ignorez donc pas absolument les motifs de votre arrestation, qui seront sans doute quelqu'une de vos erreurs. Allons, vous serez éclairci. Si votre mémoire continue de vous servir si mal, lisez la pétition de Dijon, le mémoire de Richard, celui de Colmont, et sur-tout celui de Courbeton, et vos incertitudes seront dissipées. Il restera ensuite à savoir si ce que vous appellez vos erreurs ne seroit pas autant de crimes.

Car Bernard, si erreur n'est pas crime, crime n'est pas non plus erreur, autrement il n'existeroit plus de crime : ce ne sont pas des erreurs seulement que prétendent poursuivre, et les sections de Dijon, et les familles des infortunés que vous avez fait égorger; c'est ce que leurs écrits et leurs pièces prouvent avec évidence, et ce qui vous rend complettement inutile cette distinction de l'erreur et du crime.

A l'appui de cette première excuse, tendante à nous persuader que ses crimes ne sont que des erreurs, Bernard prépare une autre défense dans la maxime suivante : *Le crime ne sauroit exister là où se trouve l'amour de la république, et cet amour, j'ose le dire, est dans tous nos cœurs.*

C'est une étrange prétention, il faut l'avouer, que d'entreprendre de nous persuader qu'un républicain, par cela seul qu'il est républicain, ne peut être un méchant homme, que le crime ne peut habiter dans son cœur, et que ses opinions politiques, en matière de gou-

vernement, nous garantissent la bonté de ses
autres principes et de son caractère moral.

Nous débiter cette belle doctrine, quand
nous venons d'échapper à peine aux carnages
médités, ordonnés, exécutés par les Robespierre, les Saint Just, les Couthon, les Carrier, les Maignet, les Lebon, ces grands, ces
sublimes républicains ; c'est nous prendre pour
de grands sots. Il ne manque, à cette théorie
de Bernard, pour être complette, que d'y
ajouter que les Vincent de Paul, les Molé,
les de Thou, les Fénélon, les d'Aguesseau,
les Malesherbes, tous royalistes, ont été autant de scélérats.

Enfin Bernard en vient à la dénonciation des
sections de Dijon, et commence par discuter,
à sa manière, les imputations élevées contre
lui sur la mort du président Micault de Courbeton.

Des hommes que je ne connois pas, dit-il,
*puisque j'ignore jusqu'à leur nom, m'accu-
sent d'avoir fait assassiner juridiquement Micault ; d'avoir été présent à son éxécution, et
d'avoir dilapidé ses effets.*

Pour la justesse de son raisonnement, Bernard devoit dire, *des hommes qui ne me con-
noissent pas m'accusent*, etc. car c'est alors que

l'acccusation perdoit de son poids. Mais que Bernard ne connoisse pas ses accusateurs, c'est ce qui ne fait rien à sa défense , car il n'est pas nécessaire , pour qu'ils l'accusent avec fondement , qu'ils soient connus de lui , mais seulement que lui même soit connu d'eux.

Encore faut il observer que cette connoissance nécessaire aux accusateurs n'est pas celle de la personne de l'accusé , mais seulement celle de ses actions ; et malheureusement pour les familles dont il a fait égorger les chefs, il est trop connu par ses actions.

« Il nous dit ensuite qu'il lui en coûte de
» répondre à des atrocités de ce genre , mais
» qu'il y est forcé, autant pour lui que pour
» l'honneur de ses commettans et de la con-
» vention nationale ».

Bernard nous donne là sa réponse , comme une mesure de choix de sa part. Il semble vouloir dire qu'il pourroit s'en dispenser , et que ce n'est que pour son honneur et celui de la convention qu'il daigne entrer en lice ; mais il se trompe grossièrement , les accusations sont expresses et formelles. Les faits qu'on lui impute sont articulés , prouvés par pièces. Il faut bien ; bon gré, malgré , qu'il se défende , et l'honneur de la convention ', et celui de ses

commettans et le sien sont ici les considéra-
tions les moins importantes. C'est sa personne
qu'il a à défendre, puisqu'il ne peut pas se
dissimuler que si il est coupable des crimes
qu'on lui impute, il ne peut échapper à la
peine que les loix y ont attachées.

« Représentans, continue-t-il, voici le vrai.
» Micault s'étant absenté, fut porté sur la liste
» des émigrés de son département. A son
» retour, il fut arrêté et traduit à Luxeuil,
» département de la Haute Saône, et traduit
» ensuite au département de la Côte d'Or, où,
» conformément à la loi, il devoit être jugé ».

Ces prétendues vérités, annoncées aux représentans, ne sont qu'un tissu de faussetés, re-
connues par tous ceux qui sont instruits des
circonstances et faciles à faire reconnoître.

Micault étoit en effet porté sur la liste du département de la Côte-d'Or; mais ce n'étoit pas-là
son département, ce n'étoit pas là le département
où la loi ordonnoit qu'il fût jugé. Selon la loi, un
émigré rentré devoit être jugé dans le département où il avoit son dernier domicile
connu, et son dernier domicile connu étoit sa
terre de Toucy, au département de l'Yonne,
où il n'étoit pas porté comme émigré, mais
comme prévenu d'émigration, et où la liste des

émigrés , et jusqu'à l'acte de sa condamnation, placent sa dernière résidence. C'étoit donc , non pas selon la loi, mais contre la loi, que Micault a été traduit à Dijon par l'ordre du représentant Bernard. Après cela , il importe peu de savoir si , avant l'ordre de Bernard , le représentant Prost en avoit déjà donné un pareil, de traduire le citoyen Micault pardevant le département de la Côte-d'Or ; et qu'il ait donné le premier , ou seulement renouvellé cet ordre , il n'en a pas moins violé la loi, en donnant à Micault pour juge un tribunal qui n'étoit pas celui du département par lequel il devoit être jugé.

Il est bon d'observer que c'est de cette première violation de la loi qu'a résulté le crime commis en la personne du citoyen Courbeton ; puisque, s'il eût été jugé dans le département de l'Yonne, où il a obtenu , bien avant son jugement , des arrêtés favorables , et où sa résidence en France est demeurée constatée et reconnue, il n'eût pu être condamné comme émigré par le tribunal de ce département.

Il est faux encore que Micault ait été arrêté à son retour ; car son retour en France, certifié par la municipalité de Strasbourg, est du 26 mars 1792 , et son arrestation du 13 no-
vembre

vembre 1793 , plus de vingt mois après son
retour.

Cette circonstance avancée si faussement
n'est pas d'une petite importance dans la question , et on démèle le motif qui a conduit Bernard à la controuver. Ce motif est de faire oublier que c'est par le fait de Bernard , et par
ses ordres que Micault a été jugé émigré , selon
le projet annoncé dans la lettre de celui-là *aux
sans culottes* de Montbelliard , déjà rapportée
dans le mémoire de Courbeton ; car si Micault
a été arrêté à Luxeuil comme émigré , Bernard n'a fait que suivre la marche déjà prise
par des autorités constituées , et on ne peut
plus lui en faire un si grand tort. Mais on a
vu déjà dans le mémoire de Courbeton la
preuve qu'il n'a été arrêté à Luxeuil que comme
ex-président , ex-noble riche , ect. et nulle-
ment comme émigré , motif qu'on n'eût pas
manqué d'énoncer , s'il eût eu le moindre fondement.

Les mensonges continuent. « Micault , dit
» Bernard , traduit au département de la Côte-
» d'Or , demande à être conduit dans quelques
» communes et sections pour y réclamer des
» certificats ; on le lui refuse ; il s'adresse à moi ;
» je suspens alors toute poursuite , et j'ordonne

B

» qu'il sera conduit là où il indiquera pour de-
» mander ces certificats ».

En tout cela, rien de vrai. Micault n'a ni de-
mandé, ni eu besoin de demander d'être *con-*
duit dans aucune commune pour y obtenir des
certificats, puisqu'il n'a résidé en aucune autre
commune du département de la Côte-d'Or où
il se trouvoit détenu : ce ne peut donc être
pour cela qu'il s'est adressé à Bernard , mais
bien pour avoir la liberté d'aller à sa section y
faire renouveller un certificat à huit témoins
de sa résidence à Dijon, en janvier et février
1793 , et non pas pour en *obtenir* un.

S'il s'est adressé à Bernard , c'est assuré-
ment bien sans fruit, et il faut bien que ce
représentant n'ait pas ordonné qu'il seroit conduit où il voudroit , puisqu'il n'a jamais pu
obtenir d'être conduit à sa section , et que le
défaut de renouvellement de ce certificat , non
pas ensuite d'un refus de la section elle même ,
mais à cause d'un défaut de présentation du
certificat à renouveller , a été le principal , ou
plutôt l'unique prétexte de la condamnation.

» Micault , sans doute , continue Bernard ,
» n'obtint pas son certificat de résidence , puis-
» que l'admisnistration le déclara définitive-

» ment émigré ». Ces paroles manquent de liaison et de sens.

Micault n'obtint pas son certificat , parce qu'après l'avoir tiré de la maison de détention , d'où Bernard avoit permis aux détenus de se rendre aux sections pour le demander, on le mit dans la prison de Justice, d'où on ne lui permit plus de sortir, et cela , au vu et au sçu de Bernard. Voilà la vérité , d'où l'on peut conclure combien faussement Bernard avance qu'il a ordonné que Micault seroit conduit où il indiqueroit pour demander ses certificats, et que ses arrêtés ont été exécutés. Bernard qui a vu condamner Micault sous ses yeux, n'ayant pas pu ignorer que son arrêté n'avoit pas été exécuté au moins pour Micault.

Bernard entreprend ensuite de se justifier contre l'accusation qu'on lui intente d'avoir pressé le jugement et influé sur la condamnation de Courbeton au tribunal criminel ; ce juste reproche est fondé sur une lettre de ce représentant, adressée au tribunal , rapportée dans le mémoire présenté par la famille Courbeton, et qui contient ces terribles paroles. « Le » tribunal ne peut se blanchir de n'avoir pas » jugé Micault... Rien ne devoit arrêter la mar-

» che du tribunal, après la décision du départe-
» ment, sur le fait de l'émigration, etc. où la
» loi est là. Quiconque l'enfreint , mérite la
» peine qu'elle a prononcée ».

Prétendre que de tels ordres , de telles me-
naces émanées d'un représentant du peuple
armé de ce terrible pouvoir , qui a mis sous
ses pieds la France entière , adressées à un
tribunal de département, pour avoir seulement
suspendu , pendant vingt-quatre heures , un
jugement de mort , ne sont pas des actes ,
par lesquels on influe sur ce même jugement,
rendu en effet peu d'heures après , c'est trop
compter sur la crédulité ou l'inattention de ses
lecteurs.

Mais il faut voir la tournure grossière que
Bernard donne à cette partie de son apologie.
Il nous raconte que quelques citoyens s'étant
plaints à lui , en pleine société populaire , de
ce que le tribunal jugeoit avec précipitation de
malheureux domestiques , et refusoit de juger
Micault parce qu'il étoit riche , il dit haute-
ment au peuple que *la justice devoit être égale
pour tous , et qu'il se feroit rendre compte des
motifs de la lenteur dont on se plaignoit*, ce
qu'il fit en écrivant au tribunal.

Pour reconnoître ce que ce récit a de faux ,

il suffit de recourir au compte fidèle qu'on a rendu de la démarche de Bernard à la société populaire dans la dénonciation imprimée du nom des sections de Dijon ; là on voit Bernard, non pas pressé par des plaintes générales, de la lenteur du tribunal, à juger Courbeton, mais lui-même déclamant, avec véhémence, contre cette prétendue lenteur. Les plaintes de *quelques citoyens* ne pouvoient que lui indiquer ce fait vrai ou prétendu, et il devoit d'abord s'assurer de la vérité de cette allégation avant d'en faire la matière d'une invective contre le tribunal, mais elles ne lui donnoient pas le droit d'établir que le tribunal se conduisoit ainsi pour favoriser les riches, et si les hommes de sang qui lui adressoient ces plaintes lui donnoient cette interprétation, il devoit la vérifier avant de s'en servir dans une assemblée pour échauffer les esprits contre les juges, précaution qu'il n'a certainement pas prise, puisque les plaintes vraies ou prétendues lui étant adressées le 26 au soir, il les transmet sur-le-champ à la société populaire, et que dès le lendemain 23 au matin, il adresse sa lettre fulminante au tribunal, qui, après l'avoir reçue à midi, se rassemble à trois heures,

B 3

et, avant cinq heures, envoye Courbeton à la mort.

Et voilà comment est vrai le témoignage que Bernard se rend à lui-même, lorsqu'en finissant son récit mensonger, il dit : *mais je ne me suis jamais avisé de dicter des jugemens ni d'influencer les opinions* ; et voilà dequoi juger si c'est une calomnie atroce de dire que Bernard a convoqué le tribunal pour faire exécuter Micault ; comme si une lettre, qui, lue par les juges à midi, les rassemble à trois heures pour porter une sentence de mort, n'étoit pas une convocation de ce même tribunal pour faire exécuter le prévenu.

Quant à la présence du représentant Bernard à l'exécution, ce fait a passé pour constant dans la ville de Dijon. Il le nie formellement. Il ne faudroit rien moins qu'une enquête juridique pour le constater, et nous ne sommes pas en mesure de prendre cette route, et véritablement la chose n'est pas d'une assez grande importance pour mériter qu'on se donne ce soin. On pourroit pardonner plus aisément à un représentant du peuple, de prendre ce barbare plaisir, que d'avoir contribué à conduire un innocent à l'échafaud ; et comme Bernard ne peut se laver de cette dernière imputation, peu importe qu'il se justifie de l'autre. Poursuivons notre examen.

Bernard répond aux reproches de dilapidation des effets du citoyen Micault ; d'abord, que *ce sont les autorités constituées qui l'ont logé dans la maison de Micault.*

A cela , j'oppose les propres paroles de Bernard , dans sa lettre à ses chers *sans-culottes de Montbelliard. Mon coup d'essai ici ,* dit-il, *a été de prendre gîte dans la maison de Crésus Micault , et j'ai eu assez bon nez.* Certes , le coup d'essai d'un si habile homme ne peut pas avoir été simplement d'obéir aux autorités constituées qui l'auroient logé dans la maison Micault. Il faut bien qu'il s'y soit logé lui-même ; et il s'en vante aussi , en disant qu'en cela *il a eu assez bon nez.* Et quel mérite aurait-il à s'être si bien gîté , si le choix du gîte n'étoit pas son propre ouvrage?

Pour apprécier cette partie de l'apologie de Bernard , il suffit d'un simple récit des faits.

Le représentant Bernard arrive le 15 pluviose de l'an deuxième. Il donne sur-le-champ une *réquisition* mentionnée au procès-verbal , adressée au commissaire Fauchey pour se faire ouvrir la maison Micault. Il n'a pas plutôt re connu qu'elle lui convient, que dès le 16 il la confisque au profit de la Nation *pour quelques petites armoiries* qu'il y trouve. Ce sont ses propres paroles, en quoi il ne dit pas encore la vérité, qui est qu'il n'a pas même eu pour la confiscation ce ridicule et odieux prétexte ; car, comme on avoit ôté toutes les armoiries à temps, tout ce qu'il a pu en trouver s'est réduit à des débris d'armoiries sur des plaques de fonte cassées, qui déjà brisées par la terreur ou par le patriotisme, ne pouvoient plus fournir une raison de confiscation ; enfin et après tout, confisquer un hôtel depuis long-temps inhabité par le maître ; parce qu'on y a trouvé quelques petites armoiries sur une plaque de cheminée ou sur une tapisserie, c'est une violation infâme et insolente des droits de la propriété pour qui que se soit, et par qui que ce soit qu'elle se fasse, et l'exécuteur d'un semblable vol est aussi coupable que s'il voloit pour lui même.

« Le scellé, continue Bernard, étoit sur tous
» les effets ; il est demeuré dans son entier : tous
» les meubles étoient inventoriés ; pas un n'a
» été déplacé ; le gardien a conservé toutes les
» clefs. Il nous a fourni du vin, des bougies,
» du café, etc ».

La famille Courbeton, dont la propriété a été envahie du vivant même du propriétaire, par une injustice criante et reconnue aujourd'hui, n'ayant pu encore prendre des renseignemens complets sur toutes les pertes qu'elle a essuyées, ne peut en avoir qu'une notion bien imparfaite ; mais elle a pourtant assez de faits de ce genre à sa connoissance pour pouvoir dire que le représentant Bernard a étrangement abusé de son pouvoir et de sa place dans l'usage immodéré qu'il a fait des objets de consommation qui étoient sous sa main.

Cet excès de consommation se trouve *en très bon vin*, dont la cave étoit meublée, selon Bernard.

Il conste, par ces procès-verbaux, qu'en vin de Bordeaux, de Beaune, de Pomar, de Chambertin, de Sautenay, en soixante et quelques jours, il a consommé plus de mille bouteilles de vin, quatre-vingt-dix livres de café, cinquante-quatre livres de bougie. Entr'autres traits de ce gaspillage, on peut citer le jour de son départ, où, pour son déjeûner et celui de sa compagnie, il a été bu seize bouteilles de vin, tant blanc que rouge, et on en a mis six dans la voiture du comédien Naudet, digne commensal de Bernard, et qui avoit été établi par lui dans la maison Micault , aux dépens duquel s'exerçoit la munificence du représentant Bernard, qui ne se bornoit pas à lui-même et aux siens , mais qui se répandoit encore au-dehors ; d'après des idées bien étranges sans doute de la propriété et de ses droits.

Je ne puis quitter cet article, sans rappeller aussi un autre genre d'indécence de Bernard , dans l'usage qu'il a fait du vin du citoyen Micault. On sait que lui et ses convives se sont égayés plus d'une fois à le boire dans les calices des églises pillées , la vraie manière , selon eux , de boire le vin des aristocrates.

On dira peut-être que le représentant Bernard a regardé les biens de Micault comme appartenant déjà à la Nation , et qu'il en a usé *en avancement d'hoirie ;* mais même en admettant cette explication , je dirai qu'encore y a-t-il gaspillage et dilapidation des biens de la Nation à de telles consommations , en deux mois de temps , dans un petit ménage.

Je dis dans un ménage , et c'est ici l'occasion d'observer la conduite de Bernard , qui, en mission , transporte avec lui , pour les faire vivre aux dépens de la Nation , ou plutôt des victimes qu'il se propose d'immoler , deux enfans, une gouvernante, un secrétaire, un domestique ; à quoi il ajoute, en s'établissant dans la maison Micault, une cuisinière et sa petite fille, et une aide de cuisine, et une seconde gouvernante pour ses enfans. Si ce n'est pas de la dilapidation, on conviendra du moins que c'est plus que de l'indiscrétion.

On ne s'arrêtera point ici sur l'affaire de Colmont, qui est un des chefs d'accusation porté dans la dénonciation faite par les six sections de Dijon, parce qu'on se borne aux faits avancés dans le mémoire de la famille Courbeton, la commune de Dijon pouvant soutenir de son côté ce qu'elle a justement avancé, et éclaircir tous les doutes.

On relèvera seulement la manière dont Bernard se défend sur la condamnation du président Richard.

« Cette mort, dit-il, m'est étrangère ; je n'ai » jamais entendu parler de lui ; je n'ai jamais » écrit, ni dit un mot le concernant, et ma pré- » sence à Dijon, pendant l'instruction de son » procès, ne doit plus m'être imputée à crime, » que la présence de la convention nationale » à Paris pendant les travaux des tribunaux qui » y siégent ».

Que Bernard n'ait rien écrit concernant Richard ; à la bonne heure, croyons-le jusqu'à ce

qu'on puisse recouvrer quelque preuve du con-
traire, mais que vivant à Dijon, lorsqu'un évé-
nement qui a rempli d'horreur tout le département, et qui a été long-temps le sujet de toutes
les conversations qui se passoit, il n'en ait rien
dit : cela est plus difficile, pour ne pas dire im-
possible à croire : mais qu'étant à Dijon avant,
pendant et après l'exécution du président Richard, il n'en ait jamais entendu parler, cela
est vraiment merveilleux à entendre de lui ;
c'est une sorte de courage à mentir, qui n'est
point commune, et qui en imposeroit, si une
telle dénégation ne choquoit pas si fortement
toute vraisemblance.

Nous dirons donc à Bernard qu'il est impos-
sible que, pendant son séjour à Dijon, il n'ait
entendu parler et parlé lui-même de manière
ou d'autre du procès et de la condamnation
du président Richard. La conduite des communes de Beaune et de Châlons-sur-Saône,
où les témoins qui avoient déjà attesté la résidence de Richard avoient été intimidés et re-
poussés sans raison, ainsi que l'a constaté le
représentant Calès, cette conduite, dis-je, étoit
publique. Il étoit public et connu que Richard n'avoit pas mis le pied hors de France,
ni même de son département. Comment le re-

présentant Bernard, si actif, si alerte, si dé-
cisif pour faire casser le premier jugement de
Colmont, par lequel celui-ci avoit été renvoyé
absous, et le faire condamner à mort au tribunal de Dijon, comment si vigilant et si empressé
à faire exécuter, dans toute leur rigueur,
les loix contre le prétendu émigré Courbeton;
enfin si occupé de faire justice, n'a-t-il pas eu
la même activité, la même vigilance pour em-
pêcher les pratiques horribles qui se faisoient
autour de lui pour obtenir la condamnation
d'un innocent?

Est-ce qu'il ne mettoit de zèle et de chaleur
qu'à faire condamner, et jamais à absoudre,
oubliant que la justice est également à punir le
coupable et à sauver l'innocent?

Bernard s'étonne qu'on lui reproche la condamnation de quelques émigrés, quand on ne
se plaint pas des tribunaux qui ont déclaré l'é-
migration certaine, quand on n'accuse aucune
autorité d'avoir refusé le certificat de résidence.

On ne voit pas comment ce raisonnement
peut servir à la justification de Bernard. Certainement ceux qui le poursuivent aujourd'hui,
comme ayant été la première cause et le mo-
teur principal de l'assassinat de Courbeton et

de Colmont , ne prétendent pas absoudre les tribunaux qui ont concouru avec lui à commettre ces crimes. Il se plaignent bien aussi du directoire qui a déclaré l'émigration , en résistant à l'évidence des preuves de résidence qu'on lui produisoit , où en empéchant les prévenus de s'en procurer de nouvelles , en faisant renouveller leurs certificats ; mais ils s'attaquent , comme de raison , d'abord à Bernard , comme ayant été l'instigateur, le promoteur , l'ordonnateur de cette injustice ; ce qui résulte de sa lettre aux sans-culottes de Montbelliard ; de son mandat d'arrêt adressé à la commune de Luxeuil ; de ses discours à la société populaire de Dijon ; de sa lettre au tribunal criminel , etc. , sauf à prendre à partie ensuite ces exécuteurs des volontés de Bernard, qui peuvent au moins trouver dans ses ordres , et dans l'étendue de ses pouvoirs , une excuse telle quelle de leur lâche complaisance , tandis que Bernard , tout puissant lui-même , a fait le mal tout seul.

Ce sont, sur-tout , ces lettres de Bernard qui sont embarrassantes pour lui. On en a rapporté déjà quelques-unes en tout ou en partie dans le mémoire pour la famille Courbeton, et dans les dénonciations adressées au comité ; mais elles caractérisent si bien la violence , l'injustice, l'oubli de tout devoir, que nous croyons devoir insérer encore ici en entier , celle dont on n'a citée qu'une partie , et en ajouter une nouvelle, où se montrent les mêmes dispositions.

Piochefer Bernard, *Représantant du peuple, délégué par la Convention nationale pour les départemens de la Côte-d'Or et Seine et Loire.*

Dijon , le 17 pluviose , l'an II de la République une et indivisible.

Aux sans-culottes de Montbelliard.

» Frères et amis , si la convention nationale fait insérer dans le bulletin la lettre que je lui écris aujourd'hui , et dans laquelle je me dénonce moi-même pour avoir eu la *foiblesse* de faire mettre en liberté les reclus de Vésoul, vous y verrez, avec plaisir , sans doute, que je donne votre pays pour modèle du patriotisme, et que je m'énorgueillis de vous avoir laissés au-dessus de tous vos voisins en ce genre.

» En effet, mes amis, à la honte des anciens français , je n'ai pas trouvé sur ma route la même énergie, le même culte patriotique qu'à Montbelliard. J'ai vu des *croix* sur les chemins, des hommes et des femmes sans cocarde nationale , *que j'ait fait incarcérer.* J'ai vu des prêtres

masqués en domino, éclairer en plein midi,
les morts et les vivans, avec des cierges, des
vêpres et autres b**** semblables que vous ne
connoissez plus. Je me suis entendu appeller
monsieur, et prononcer des *vous* à toute mi-
nute; et dans cette étonnante position, je me
suis écrié, où est mon petit Monbelliard qui
va si bien! et j'y ai envoyé tout le monde
prendre des leçons de civisme. Cela, ma foi,
vous fait bien honneur, et doit vous donner
une nouvelle énergie.

» Cependant arrivé à Dijon, j'y vois, avec
plaisir, le patriotisme et la raison ressusciter;
car la première demande que m'ont fait les
corps administratifs, *qui sont de ma création*,
est d'ordonner la fermeture de leurs églises et
de chasser les prêtres. Vous sentez que quoique
je ne peux prendre un pareil arrété, *je trouverai
bien le moyen* de satisfaire ces braves gens.

» Mon coup d'essai ici a été de prendre gîte
dans la maison du Crésus-Micault, président
du parlement, et j'ai *eu assez bon nez*; car,
outre que *la cave est meublée de fort bon vin*,
c'est qu'il s y est trouvé *quelques petites armoiries* qui m'ont mis dans le cas de confisquer, au profit de la Nation, ce superbe hôtel.
J'ai donc fait *une bonne capture*, qui, j'espère,
sera

sera suivie *de quelques autres*, et en outre, *j'envoie chercher le maître à Luxeuil pour le faire juger émigré*. Si cela est, 400 mille livres de rente vont tomber dans les coffres de la Nation ».

« Amis, il ne me reste plus qu'à vous prier de vous maintenir dans votre bonne réputation, et en cela mon amour-propre est de moitié avec le vôtre.

« Salut aux braves républicaines, qui, par amour pour la patrie, s'occupent à lui faire des défenseurs. Salut à tous les bons sans-culottes de bonne foi qui aiment les hommes pour les hommes. Je vous embrasse tous de bon cœur.

La seconde lettre que nous citerons, et dont Bernard convient qu'elle est écrite d'un *style peu convenable*, est adressée au commissaire national du district de l'Eure, et datée du 2 frimaire de l'an second.

« Puisque les Gauthier de Pomoy, dit-il, ont été renvoyés au tribunal révolutionnaire, dépêches-toi de les faire partir pour Paris, il ne faut pas laisser vivre les scélérats, ni jeûner la guillotine ».

Salut et fraternité.

C

Pour affoiblir l'impression d'horreur que doivent produire ces lettres , Bernard croit qu'il lui suffit d'avouer qu'il *lui est arrivé d'écrire quelques lettres dans un style peu convenable aujourd'hui , mais qui étoit* , dit il , *à l'ordre du jour*. C'est-là toute son apologie.

Bernard ne connoit pas, à la vérité , très-bien le sens et la valeur des termes, et son excuse en est la preuve. Il nous parle du style de ses lettres et du défaut de convenance; mais il est ici question du fonds, et non du style et de l'atrocité, de l'immoralité , et non du plus ou moins de convenance de ce qu'il écrit.

Et quoi de plus ridicule et de plus faux que la distinction qu'il fait du temps d'alors et du temps d'aujourd'hui. Est ce qu'il étoit , je ne dis pas plus permis , car les tyrans permettent et se permettent tout , mais plus *licite*, moins criminel , dans un représentant du peuple; d'exciter , comme le fait Bernard , par ses lettres, la persécution religieuse la plus cruelle, sous le nom de *culte patriotique* et de *civisme*; d'écrire à des magistrats du peuple pour faire *juger un citoyen émigré* ; d'encourager les mauvaises mœurs par de grossières plaisanteries et par un langage infâme; de solliciter la précipitation dans des jugemens de mort, qui deviennent dès-lors autant d'assassinats.

Il est fort inutile à la justification de Bernard que ces infamies fussent à l'ordre du jour d'alors. Les scélérats étant en effet devenus les maîtres, tous les crimes étoient à l'ordre du jour ; mais c'est pour cela même qu'on poursuit aujourd'hui tous ceux qui se sont tenus ainsi *à l'ordre du jour*. Bernard n'a pas même l'excuse insuffisante sans doute des subalternes, qui peuvent dire que c'est malgré eux qu'ils ont été l'instrument de ces fureurs et pour ne pas en être les victimes ; outre que sa qualité de représentant, armé d'un pouvoir illimité, lui laissoit la liberté d'être juste, on voit clairement dans ses lettres, et plus encore dans toute sa conduite, qu'il s'est complu et glorifié dans ses œuvres, *il a eu bon nez*, il a fait *une bonne capture*, *son amour-propre* est satisfait ; enfin il montre un contentement parfait des horreurs qu'il ordonne et au milieu desquelles il vit. Si donc ses lettres et ses actions sont dignes du régime de Robespierre, on peut très-légitimement s'en prendre à lui-même et non à l'ordre du jour.

Il dit aussi en apologie que si l'on compulse

les bulletins de la convention, on se convain-
cra qu'il n'a pas été l'inventeur de ce genre
d'écrire, et qu'il n'a suivi bien des hommes que
de très-loin.

C'est, ou une grande sottise, ou un grand
mépris pour ses lecteurs de croire qu'on leur
fera goûter de pareilles raisons. Que Bernard
ait ou n'ait pas le mérite de l'invention en matière de crimes, c'est ce qu'il nous importe
peu de savoir. Si d'autres ont ouvert la route,
il convient qu'il y est entré après eux ; il paroît s'être efforcé d'imiter ses modèles.

Peut-être même est-il trop modeste, en se
croyant au-dessous d'eux ; mais si l'occasion ou
les talens lui ont manqué pour les atteindre, il
les a suivis de plus près qu'il ne dit ; il doit donc
partager avec eux le fruit de leurs œuvres,
c'est-à-dire, l'indignation des gens de biens,
et les peines établies par les loix.

Il se défend enfin, en disant que *des lettres
ne sont point des arrêtés, et que dire n'est
point faire.*

Comment ose-t il alléguer une pareille raison
pour justifier des lettres qui ont hâté des jugemens de mort et des dires qui ont fait faire
des meurtres. Il a écrit qu'il feroit juger Micault émigré, et Micault a été jugé émigré. Il

écrit aux juges du tribunal criminel qu'ils ne se laveroient jamais du reproche de n'avoir point jugé Micault, et sa lettre reçue à midi a mené Micault au tribunal à trois heures, et à l'échafaud à cinq. Est-ce que des lettres qui ont des effets si prompts, si sûrs, si terribles, ne sont pas des arrêts ? Est-ce qu'écrire et dire ainsi, ce n'est pas faire ?

Bernard employe le reste et une grande partie de son mémoire à citer le mal qu'il n'a pas fait, pour se justifier de celui qu'on l'accuse d'avoir fait, et quelques actes de justice pour se laver des injustices qu'on lui reproche de tant de côtés.

Il n'a pas *fait peser toute sa sévérité sur les riches*, car il a traduit au tribunal révolutionnaire *quelques malheureux perruquiers.*

Il n'a pas vu de mauvais œil *les modérés probes*, car il a soupé chez le citoyen *Gislepin*, accusé de modérantisme, et honnête modéré.

Il *n'a pas démoralisé le peuple*, car il a fait *dans le temple de la Raison des discours fondés sur la morale et la vertu.*

Il n'a point été partisan de la tyrannie et agent des tyrans, car, dans le district de Charolles, où l'on avoit incarcéré *des citoyens* vertueux, sous prétexte qu'ils étoient riches, il a ordonné la mise en liberté de tous les détenus, sans exception.

Il n'a pas poursuivi les riches toutes les fois qu'il ne leur a pas vu une intention de mal faire ; car, à Porentrui, une femme riche, veuve, septuagénaire, ayant été dénoncée, par son propre fils, comme coupable d'avoir recelé des effets d'émigrés pour les leur faire passer, comme il a été prouvé que *c'étoit le fils lui-même qui avoit engagé la mère à recevoir les meubles, à quoi elle ignoroit qu'il y eût aucun mal* ; lui Bernard, à la satisfaction de tous les hommes justes, a prononcé la liberté de la mère et l'arrestation du fils, qui avoit tendu un piége à sa mère pour devenir ensuite son dénonciateur ; trait merveilleux de clémence de Bernard.

« Envoyé antérieurement dans les départemens du Jura et des deux Charentes, il n'y a fait incarcérer personne, etc ».

On ne fera sur cette forme d'apologie qu'une réflexion bien simple. C'est que, si elle pouvoit être regardée comme suffisante, il n'y a pas un homme violent, injuste, coupable même des plus grands crimes, qui ne pût se justifier. Les hommes méchans, cruels, injustes, ne le sont pas constamment et toujours. S'ils faisoient le mal et commettoient des injustices tous les jours et à toutes les heures, la terre ne seroit bientôt plus habitable, et le monde finiroit. Les occasions de faire le mal ne se présentent pas toujours. Un méchant a quelquefois, et même le plus souvent, quelque intérêt à faire le bien en telle et telle circonstance, à tel et tel.

Il résulte de là que Bernard perd son tems à nous indiquer des lieux, des tems et des circonstances où il n'a pas exercé le même genre d'oppression qu'on lui reproche dans les accusations produites contre lui. Il faut qu'il détruise ces accusations individuelles et précises. Et jusques-là le récit de ce qu'il n'a pas fait de mal, ou même de ce qu'il dit avoir fait de bien en certaines circonstances, ne fait rien à sa justification.

Bernard termine sa défense, en rapportant une lettre écrite en sa faveur par le conseil général de la commune de Xaintes à la Convention et aux comités.

Dans cette lettre, ses concitoyens attestent en effet que Bernard n'a exercé parmi eux que des actes d'humanité et de modération; qu'il a témoigné la plus grande horreur pour le systéme de sang, etc. et qu'ils aiment à croire qu'il n'est pas coupable des crimes qui lui sont imputés, et qu'il le prouvera d'une manière éclatante, etc.

Cette manière de répondre à des inculpations fondées sur des crimes commis en un lieu, par un certificat de probité donné par les habitans d'un autre pays situé à cent lieues de là, rentre dans celle dont je viens de montrer l'insuffisance et l'inutilité.

On ajoutera seulement ici que les circonstances nouvelles où l'homme se trouve placé, développent souvent en lui des vices qu'on ne lui avoit pas connus.

Les gens de Xaintes n'ont point vu dans Bernard un buveur de sang. A la bonne heure; on peut les croire de bonne foi, lorsqu'il le disent : mais il n'a pas été chez eux en qualité de représentant du peuple en mission, armé de ce pouvoir terrible dont on est si fort tenté d'abuser, précisément parce qu'il est exhorbitant. Mais, dans les départemens qu'il a gouvernés, on peut avoir d'autres idées de lui; et ce sont ces idées bien différentes que présentent ceux qui l'ont connu par ses œuvres; les habitans du département de la Côte-d'Or et ceux du département de la Haute-Saône, dans les écrits qu'ont publiés la commune de Dijon et la commune de Vesoul.

Au reste, cette bonne réputation de Bernard à Xaintes, est d'autant moins décisive en sa faveur qu'elle paroît absolument bornée à la ville de Xaintes, ou peut être dans Xaintes au petit nombre de signataires de qui on aura obtenu la pièce que produit Bernard ; et nous en donnerons la preuve dans un fait venu à notre connoissance.

On sait qu'un autre représentant du peuple, appellé Bernard de Sainte-Afrique, s'est trouvé souvent embarrassé de cette ressemblance de nom, et obligé de se défendre d'être Bernard de Xaintes. On raconte qu'à son arrivée en mission dans une de nos villes du Nord, sur la nouvelle de l'apparition d'un Bernard, les habitans s'effrayent. C'est Bernard !... C'est Bernard !... Allons-nous-en ; et une partie sort sur-le-champ de la ville. Un honnête homme, moins effrayé que les autres et voulant s'éclaircir, va droit au nouvel arrivant, et lui demande bien doucement s'il est le député Bernard de Xaintes. Ah ! mon dieu, non, réplique t-il. Il y a beaucoup de Bernards. Je suis Bernard de Sainte-Afrique. En ce cas, citoyen, continue l'explorateur, ayez la bonté de faire annoncer par-tout que vous êtes Bernard de Sainte-Afrique, car notre ville s'en va tout-à-l'heure devenir déserte en suite de la terreur que répand parmi nous la pensée que vous êtes l'autre Bernard.

Dans la discussion de l'écrit de Bernard qu'on vient de voir, nous n'avons prétendu répliquer qu'aux explications et défenses insuffisantes de Bernard, relativement à sa conduite envers l'infortuné Courbeton. Nous laissons aux habitans des départemens, où il s'est fait connoître le soin de justifier, par de nouvelles preuves, tirées des faits qui leur sont personnels, les accusations qu'ils ont dirigées contre lui.

www.ingramcontent.com/pod-product-compliance
Lightning Source LLC
Chambersburg PA
CBHW061328060726
47596CB00003B/1143